BEI GRIN MACHT SICH IHR WISSEN BEZAHLT

AF141921

- Wir veröffentlichen Ihre Hausarbeit,
  Bachelor- und Masterarbeit

- Ihr eigenes eBook und Buch -
  weltweit in allen wichtigen Shops

- Verdienen Sie an jedem Verkauf

Jetzt bei www.GRIN.com hochladen
und kostenlos publizieren

Bibliografische Information der Deutschen Nationalbibliothek:

Die Deutsche Bibliothek verzeichnet diese Publikation in der Deutschen National-
bibliografie; detaillierte bibliografische Daten sind im Internet über http://dnb.d-
nb.de/ abrufbar.

Impressum:

Copyright © 2019 GRIN Verlag
Druck und Bindung: Books on Demand GmbH, Norderstedt Germany
ISBN: 9783346126177

Elvira Reich

Die Anthropologie Helmuth Plessners. Die Stufen des Organischen

GRIN Verlag

GRIN - Your knowledge has value

Der GRIN Verlag publiziert seit 1998 wissenschaftliche Arbeiten von Studenten, Hochschullehrern und anderen Akademikern als eBook und gedrucktes Buch. Die Verlagswebsite www.grin.com ist die ideale Plattform zur Veröffentlichung von Hausarbeiten, Abschlussarbeiten, wissenschaftlichen Aufsätzen, Dissertationen und Fachbüchern.

Besuchen Sie uns im Internet:

http://www.grin.com/

http://www.facebook.com/grincom

http://www.twitter.com/grin_com

TU Dortmund
Institut für Philosophie
und Politikwissenschaften

WS 2018/19
Seminar: Anthropologie
Zu Bestimmungsversuchen des Menschen

Referatsausarbeitung:

Helmuth Plessner – Die Stufen des Organischen

7. Kapitel

Elvira Reich

11.03.2019

Inhalt:

Einleitung

Die Philosophische Anthropologie wird in den späten 1920er Jahren in Deutschland begründet. Die Hauptvertreter und Anreger sind Max Scheler, Helmuth Plessner und Arnold Gehlen. Die Frage „Was ist der Mensch, und was ist seine Stellung in der Welt?" stellt die Hauptaufgabe dieser Wissenschaft dar. Sowohl die physiologische wie auch die geistige Sichtweise auf den Menschen wird hier in Betracht gezogen, diese bildet die Schnittstelle zwischen dem naturwissenschaftlichen und dem geisteswissenschaftlichen Zugang der Betrachtung des Menschen. Diese neu etablierte Wissenschaft hat auch weitere Wissenschaften wie die Pädagogik und die Soziologie beeinflusst. In den 1990er Jahren hat ein erneutes Interesse an der Wissenschaft dazu geführt, dass die Werke von Scheler, Plessner und Gehlen studiert wurden (Witteriede 2009).

Biografie Helmuth Plessner

Helmuth Plessner wird 1892 in Wiesbaden geboren. Sein Philosophiestudium erschließt sich Plessner durch den Kontakt mit einem Botaniker A. Reuber. Danach absolviert er ein Zoologiestudium in Heidelberg. Das Interesse an der Kombination von Biologie und Philosophie fasziniert ihn durch H. Driesch, den er im Studium kennenlernt. Zwei Jahre folgen im Studium bei dem Phänomenologen E. Husserl. Danach absolviert er ein Kantstudium in Erlangen und promoviert bei P. Hensel. 1920 beendet er sein Studium in Köln mit der Arbeit „Untersuchungen zu einer Kritik der philosophischen Urteilskraft". Seine Abhandlung über die „Einheit der Sinne" jedoch führte ihn erstmals in die Richtung der anthropologischen Studien. Sein Hauptwerk „Die Stufen des Organischen und der Mensch" erscheint jedoch erst 1928. Mit der Arbeit „Grenzen der Gemeinschaft" (1924) wird jedoch die Richtung, in die seine Forschung in der Anthropologie gehen soll, erstmals deutlich. Anfängliche Plagiatsvorwürfe werfen jedoch zunächst ein schlechtes Licht auf seine Publikation und dieses wird nicht entsprechend gewürdigt. Plessners Werk wird auch nur bis 1936 veröffentlicht. 1932 muss er seine Lehrtätigkeit in Köln auf Weisung des Naziregimes aufgeben. Zwischenzeitlich lehrt er an der Universität Groningen. 1935 publiziert er „Das Schicksal deutschen Geistes im Ausgang seiner bürgerlichen Epoche" und 1941 die Abhandlung „Lachen und Weinen". Dies führt erstmals zu seinem literarischen Erfolg. 1946 übernimmt er das Ordinariat für Philosophie. Darauf folgt die Übernahme des Lehrstuhls für Soziologie an der Universität Göttingen. In einem weiteren Werk analysiert er die Entstehung und Entwicklung des Nationalsozialismus im deutschen Bürgertum unter dem Titel „Die verspätete Nation. Über die Verführbarkeit bürgerlichen Geistes" (1959). Nach zehn Jahren Lehrtätigkeit an der Universität Göttingen verlässt er den Lehrstuhl um an der New School for Social Research in New York zu arbeiten. Bereits nach einem Jahr (1963) geht er nach Erlenbach bei Zürich um dort Gründungsmitglied der Werner-Reimers-Stiftung zu werden. Auch nimmt er wieder die

Lehrtätigkeit an der Universität Zürich auf. 1964 erhält er eine Würdigung durch die Universität Groningen wie auch 1972 im Alter von 80 Jahren die Ehrendoktorwürde der Universität Zürich. 1982 folgt eine weitere Verleihung durch die Universität Freiburg. Im Alter von 92 Jahren (1985) verstirbt Helmuth Plessner in Göttingen.

Zusammenfassung vom Referat

Die Grundpositionen, die Helmuth Plessner in „Stufen des Organischen und der Mensch" vertritt, ist, dass der Mensch als eine Einheit von Körper und Geist existiert. Plessner untersucht den Doppelaspekt der menschlichen Existenz und sieht den Menschen damit als ein Lebewesen, welches auf der einen Seite seine Natürlichkeit, seine Instinktsicherheit, verloren hat, auf der anderen Seite jedoch kulturschaffend ist und als ein Lebewesen unter anderen Lebewesen existiert (Witteriede 2009: 41).

Das siebte Kapitel aus Plessners Werk *Die Stufen des Organischen und der Mensch* setzt sich mit der sogenannten *Positionalität* und *Reflexivität* des Menschen auseinander. Plessner befasst sich mit der Unterscheidung zwischen Pflanze, Tier und Mensch. Diese führt dann zu einer genaueren Bestimmung des Menschen, der sich selbst in einer Außen-, Innen- und Mitwelt erlebt. Das erste anthropologische Grundgesetz, das Gesetz der natürlichen Künstlichkeit des Menschen, wird zuletzt angeführt und erklärt. Die Fragen, die zunächst gestellt werden können, sind, was ein Stufengang des Organischen bei Plessner überhaupt sein soll und was er unter belebt und unbelebt versteht, um den Unterschied zwischen Pflanze, Tier und Mensch zu begreifen. Die Unterscheidung wird im Folgenden erklärt. Der größte Unterschied, den Plessner jedoch nennt, ist, dass der Mensch nur dann lebe, wenn er ein Leben führt (Plessner 1965: 310).

Durch den Begriff *Positionalität* verdeutlicht Plessner, wie Pflanzen, Tiere und der Mensch in die Welt gestellt sind oder welche Stellung sie in der Welt haben. Durch den Begriff wird auch verständlich, wie der Mensch selbst organisiert ist und sich selbst wahrnimmt; mit seinem Körper, seinem psychischen Innenleben und als Glied der Gesellschaft. Der Begriff *Reflexivität* bezeichnet nach Plessner die Fähigkeit sich selbst von sich abzuheben und damit „das Lebenssystem" zu überblicken (Plessner 1965: 290). Durch die verschiedenen Positionen, die der Mensch einnehmen kann, ist Reflexivität erst möglich. Die *Positionalität* bedingt damit die Fähigkeit der *Reflexivität*.

Die drei Organisationsformen des Lebendigen

Plessner unterscheidet drei Organisationsformen des Lebendigen nach ihrer jeweiligen *Positionalität*. Pflanzen, Tiere und Menschen sind unterschiedlich organisiert. Nach Plessner sind alle Lebewesen durch eine Grenze bestimmt, anorganische Körper wie beispielsweise ein Stein hätten keine solche

Grenze. Die Grenze ist die „Umschlagzone" zwischen Innen und Außen und hat keine Gestalt (Plessner 1965: 292). Pflanzen sind offen organisiert und haben keine zentralen Organe, was bedeutet, dass diese unselbstständig sind (Plessner 1965: 310). Diese sind auf den direkten Austausch mit der Umwelt angewiesen und bilden die erste Stufe des Lebendigen. Sie benötigen Sauersoff, Wasser und Sonneneinstrahlung um zu leben. Auf der zweiten Stufe befinden sich die Tiere, die zentrisch organisiert sind, was bedeutet, dass sie selbstständig leben können und körperlich im Hier-Jetzt nur als Leib existieren. Der Mensch ist exzentrisch, befindet sich auf der dritten Stufe der Organisationsform des Lebendigen und existiert in einer dreiteiligen *Positionalität*. Der Mensch ist erstens Körper, ist als Organganzes, ein Ding unter anderen Dingen, zu sehen. Zweitens ist er „im Körper", besitzt ein Innenleben, welches mit der Seele gefüllt ist. Drittens ist er „außer dem Körper", besitzt damit einen exzentrischen „Blickpunkt" und hat die Fähigkeit sein gesamtes Lebenssystem reflexiv zu überblicken (Plessner 1965: 293).

Das Tier stehe hingegen nicht in Beziehung zur positionalen Mitte. Das Tier könne nur im Hier-Jetzt leben (Plessner 1965: 288). Es gebe keinen anderen Punkt der zeitlichen Dimension als den Hier-Jetzt Punkt. Das Tier habe zwar ein rückbezügliches System, das Sich, aber es erlebt nicht sich (selbst). Es kann sich selbst nicht vergegenständlichen und aus sich heraustreten. Die vollständige *Reflexivität* sei dem Tier verwehrt. Nur der Mensch sei zur Reflexivität fähig (Plessner 1965: 289). Die Bedingung, dass *Reflexivität* möglich sei, sei das Zentrum für *Positionalität*, die nur der Mensch besitze. Der Mensch muss Distanz zu sich selbst schaffen um sich selbst außerhalb des eigenen Körpers wahrnehmen zu können. Plessner beschreibt es folgendermaßen: „Es hat sich selbst, es weiß um sich und es ist sich selber bemerkbar, darin ist es „Ich"" (Plessner 1965: 290). Der Mensch sei also vergleichbar mit einem Zuschauer seiner selbst. Die *Reflexivität* lässt zu, dass das Lebewesen eine Kluft zwischen sich und den Erlebnissen setzt (Plessner 1965: 291). Die Spaltung in Außen-, Innenfeld und Mitfeld ist ein Merkmal für das menschliche Sein. Diese drei Ebenen, von wo aus sich der Mensch selbst wahrnehmen kann, kennzeichnen für Plessner die menschliche *Positionalität*. Das Tier ist gekennzeichnet durch die „Position der Frontalität" (Plessner 1965: 291). Es lebt als Einheit mit den Sinnenfeldern und Aktionsfeldern, zwar bewusst im eigenen Körper, jedoch bleibt die Existenz außerhalb von sich verborgen. Das Wissen um die eigene Existenz ist beim Tier nicht vorhanden. Nur der Mensch besitzt dieses Wissen. Als Beispiel nennt Plessner hier die existentiellen Probleme des Menschen und setzt es in Verbindung mit der Positionalität. Der Mensch könne aus der Mitte heraustreten um diese Position zu erkennen und zu beurteilen. Dies beschreibt er als Exzentrizität oder als „im Nichts stehen" (Plessner 1965: 292). Der Umschlag vom Sein innerhalb des Leibes zum Sein außerhalb des Leibes sei ein nicht zurückführbarer Doppelaspekt menschlicher Existenz. Dieser Doppelaspekt sei nur dem Menschen vorbehalten und bedeute gleichzeitig auch einen Bruch seiner Natur. Dieser Doppelaspekt lasse sich nicht aufheben und eine Einheit könne nur zwischen den beiden „Hälften" des menschlichen Seins vermitteln. Ein „Zurück" zur Natürlichkeit wie bei anderen Lebewesen sei nicht möglich. Das Individuum im Besitz dieses Wissens kann bei Plessner dann eine Person genannt werden.

Plessner sieht den Menschen zunächst als ein Glied der organischen Welt, in der er eine Sonderstellung hat. Die biologische Unterscheidung zwischen dem Tier und dem Menschen ist grundlegend für seine Anschauung. Den größten Unterschied zwischen Mensch und Tier, sieht er jedoch darin, dass der Mensch seine Verhaltensweisen steuern kann, was Holzhey als biopsychisches Gestalten bezeichnet (Holzhey 2004: 220). Einen Doppelaspekt sieht Plessner beim Menschen, dass er einen Körper hat und dieser zugleich auch ist. Zusätzlich weiß er um seinen Körper und seinen Geist, was er als *exzentrische Positionalität* benennt. Diese erlaubt dem Menschen sich reflexiv in der Welt wahrzunehmen (Plessner 1965: 290).

Drei Dimensionen der Welt

Die Welt unterteilt Plessner in drei „Dimensionen", in denen sich der Mensch bewegt. Diese sind die *Außen-, Innen-* und *Mitwelt*. Die *Außenwelt* ist zunächst ein leerer Raum, der eine zeitlich-räumliche Dimension darstellt. Dieser ist mit Gegenständen gefüllt. Der Mensch ist in den Raum hineingesetzt, wobei die Exzentrizität ihm helfe an einer bestimmten Stelle zu stehen und sich zurecht zu finden. Der Körper des Menschen ist unter allen anderen Dingen im räumlich-zeitlichen System zunächst nur ein ausgedehnter Körper.

Die *Innenwelt* stellt die Welt „im" Leib dar. Erst mit der Distanz zu sich selbst und dem eigenen Körper könne der Mensch seine Innenwelt erfahren. Es bedeutet, dass der Mensch seine Erlebnisse durch die Innenwelt erst erfährt, verarbeitet und die Seele darauf wirken lassen kann. Dadurch, dass der Mensch seine Gefühle und Gedanken wahrnimmt, kann er seine Gefühlswelt beurteilen („mir zumute sein") und anhand dessen sich auch in Beziehung zur Außenwelt sehen („etwas sein") (Plessner 1965: 296). Der Mensch stehe damit „neben sich", „über sich" und „hinter sich" ohne sich zu verlassen. „Er lebt und erlebt nicht nur, sondern er erlebt sein Erleben" (Plessner 1965: 292). Das bedeutet, dass er über seine Erlebnisse reflektieren kann.

Die „psychische Realität" vollziehe sich in der Innenwelt. Es gibt die reine Hingenommenheit und die Selbstvergessenheit bis zum versteckt verdrängten Erlebnis. Die Reflexion entstehe durch die Entdeckung der psychischen Realität und ermögliche auch eine Umgestaltung dieser. Im Akt der Selbstschau der eigenen psychischen Realität entstünden Wünsche, wie Verlangen nach Liebe, oder es entstünden Depressionen. Der Mensch sei immer auch Beobachter seiner selbst und könne damit sein Verhalten und seine Handlungen beobachten und beurteilen (Plessner 1965: 297 f.).

Der Mensch könne deshalb in Rollen schlüpfen, schauspielern und sich dessen bewusst sein (Plessner 1965: 298). Dies sei eine fundamentale Spaltung der Existenz und die Wahrnehmung seiner Selbst sei für den Menschen eine Herausforderung. Dies stelle nach Plessner die Herausforderung für den

4

Menschen dar. Der Mensch müsse sich mit seiner Innenwelt auseinandersetzen, mit den Erlebnissen, die er durchmacht und was er währenddessen bemerkt, wie er in seinem Charakter, seinem Temperament und seinen Anlagen nach ist (Plessner 1965: 299). Es gäbe einen radikalen Doppelaspekt zwischen der Seele und dem Vollzug im Erlebnis. Diese sei notwendig für die exzentrische Position. Das „Ich" ist Besitzer seines Leibes und seiner Seele. Über die Erfahrung komme der Mensch auch auf die Idee, dass es außerhalb seines Ichs auch andere Individuen gibt. Diese nimmt er als *Mitwelt* wahr. Die Wahrnehmung anderer geschehe eben durch Beschränkung oder Einengung der eigenen psychischen Realität, indem der Mensch bemerkt, dass der Andere ebenso eine Innenwelt besitzt wie man Selbst (Plessner 1965: 301). Die Annahme von anderen ähnlichen Lebewesen oder Menschen beruhe nicht auf Projektion, sondern auf der Vorbedingung der Sphäre der menschlichen Existenz. Der Mensch nehme die anderen auch mit seinen anderen Wesensmerkmalen wahr, seiner eigenen Innenwelt, die dem Menschen verborgen bleibt und kann nur durch sehr verschiedene Arten der Deutung aufgeschlossen werden (Plessner 1965: 301).

Die *Mitwelt* werde erst durch die exzentrische Form erkannt und zugleich werde auch die Realität gewährleistet (Plessner 1965: 302). Die Garantie der wirklichen Selbsterkenntnis des Menschen liege in der Weise, dass der Mensch auch das „Du, Er, Wir" erkennt (Plessner 1965: 300).

Die Mitwelt, wie Plessner den Begriff gebraucht, ist nicht gleich nur wie im gängigen Sprachgebrauch die soziale Umgebung des Menschen mit vergangenen und kommenden Generationen gemeint, sondern Lebewesen, die aktuell koexistieren (Plessner 1965: 306). Sodann vergleicht Plessner die Mitwelt beim Tier mit dem des Menschen. Die Mitwelt beim Tier schließe kein Mitverhältnis am Weltlichen, am Weltbewusstsein oder Geist, mit ein (Plessner 1965: 307). Es gäbe zwar eine Mitfeldsphäre im Tierreich, einen Instinkt mit dem das Tier seine Welt wahrnimmt. Jedoch habe nur der Mensch ein Mitverhältnis zu anderen lebenden Formen. Er sehe und erkenne die Einheit des Lebens (Plessner 1965: 308). Das „Ich" und „Du" kann in ein verschmelzendes „Wir" münden, die eine Kollektiventwicklung darstellt. Die Mitwelt sei daher abhängig von der Wahrnehmung des Menschen und seiner Reflektivität der eigenen Position inmitten von anderen Menschen (Plessner 1965: 302). Die Mitwelt trage eine Person und zugleich wird sie auch von der Person getragen und gebildet. Plessner bezeichnet die Welt zwischen den Menschen auch als die „Welt des Geistes" (Plessner 1965: 303). Das auszeichnende Merkmal der seelischen Existenz der Person sieht Plessner darin, dass der Mensch in Beziehung zwischen seiner Innenwelt und der erlebten Welt stehen kann. In dieser Beziehung entwickelt der Mensch quasi ein Kollektivbewusstsein, die er auch die „Wir-Form" des eigenen Ich nennt. Die Unterscheidung zwischen Seele, Geist und Bewusstsein erklärt Plessner auch nochmal genau. Die Seele ist die reale Existenz der Person, der Geist ist die eigentümlich geschaffene Positionsform und ist realisiert in der Mitwelt, in der „Wir-Sphäre", und das Bewusstsein nennt Plessner den Aspekt, in dem die Welt sich durch die exzentrische Position der Person darbietet. Der

Mensch selbst werde erst durch seine *Mitwelt* und seine *Exzentrizität* zu einer Person. Plessner sieht die Mitwelt auch als „einen Menschen", als die Kultur, in der Sphäre ein Einander bildet (Plessner 1965: 304). Da Plessner die exzentrische Position für den Menschen als unerträglichen Zustand beschreibt, könne der Mensch dieses nur durch schöpferisches Machen ausgleichen (Plessner 1965: 311). Um den Zwiespalt zwischen dem Sein im Hier-Jetzt und der Exzentrizität zu überwinden, müsse der Mensch seine Existenz durch kulturschaffendes Tun ergänzen. Die Kultur sieht Plessner daher als ein Phänomen an, durch die der Mensch seine „Hälftenhaftigkeit" kompensieren kann (Plessner 1965: 311).

Das erste anthropologische Grundgesetz, das Gesetz der Künstlichkeit, gibt eine Antwort auf die Frage wie der Mensch seiner Lebenssituation gerecht wird, wenn er um seine exzentrische Position weiß. Die Frage stelle sich jeder Mensch um leben zu können. Plessner bezeichnet den Zustand des Menschen auch „Bewusstsein der konstitutiven Heimatlosigkeit" (Plessner 1965: 309) des Menschen. Der Mensch versuche häufig auch durch eine starke Bindung an Orte, Familie, Haus oder Ahnen diese zu überdecken. Dadurch, dass der Mensch um sein Bedürfnis nach Gemeinschaft weiß, stehe er dem Tier höher und habe Einfluss auf sein soziales Verhalten. Der Mensch müsse sich aus dem, was er schon ist, noch machen. Diese Daseinsweise sei dem Menschen aufgezwungen und so müsse der Mensch so verbleiben und um diese Position oder Stellung wissen (Plessner 1965: 309). „Der Mensch lebe nur, indem er ein Leben führe" (Plessner 1965: 310). Der Mensch müsse sein Leben „in die Hand nehmen", damit er leben kann. Es bedeutet, dass der Mensch Verantwortung übernehmen muss und dies auch weiß. Der Mensch müsse mit dieser Aufgabe leben, da er die Natürlichkeit anderer Lebewesen, wie der Tiere, nicht erlangen könne (Plessner 1965: 310). Er könne nicht direkt leben und ist in seiner Existenzform also „künstlich". Erst durch schöpferisches Tun erlange der Mensch ein Gleichgewicht um seine exzentrische Position „ertragen zu können" (Plessner 1965: 311). Die Ergänzungsbedürftigkeit sei also die Ursache für Kultur. Für die Entstehung der Kultur gibt Plessner zwei mögliche wissenschaftliche Ansätze an, den *spiritualistischen* und den *naturalistischen*. Der erste Ansatz führt die Entstehung der Kultur auf den Geist zurück. Intelligenz, Bewusstsein und Seele würden zu der natürlichen Ausstattung des Menschen gehören. Der zweite Ansatz besagt, dass die Anlage des Menschen, also seine evolutionsbedingte Intelligenz und sein Bewusstsein die Kultur schaffen. Beim ersteren, wird davon ausgegangen, dass es einen Naturmenschen gab, der dazu gedrängt wurde Intelligenz auszubilden um sich gegen Feinde zu schützen. Da Verteidigungsmittel zur Lebenserhaltung geschaffen werden sollten, werden daher Intelligenz und Handfertigkeit als Ursache für die Kultur gesehen. Eine zweite und negative Auffassung dieses Ansatzes stellt die Eigenschaften als Ergebnis eines lebensgefährdenden Prozesses dar. Die Intelligenz beruhe auf Gehirnparasitismus und damit einer Veränderung der Gehirnstruktur und im Denken (Plessner 1965: 313).

Plessner bestreitet jedoch beide Theorien. Seine Hauptannahme lautet, dass die Kultur wesentlich durch die Exzentrizität selbst entstanden sei (Plessner 1965: 316). Die Künstlichkeit seiner Existenz sieht Plessner als wesensentsprechenden Ausdruck seiner Natur. Der Konflikt ergibt sich, dass der Mensch nicht allein aus seiner Mitte heraus leben kann. Ein Modus des Sollens entspreche der exzentrischen Struktur, entspreche einem Bewegen statt einem Stehenbleiben. Die Moral und die Sittlichkeit kenne der Mensch als Gewissen und Bildung sieht Plessner auch als Teil des menschlichen Schaffens an. So gibt Plessner Gründe dafür an, warum die *spiritualistische und* die *naturalistische* Theorie nicht erklären, wie die menschliche Entwicklung auch zu Moral und Bildung kam.

Nach der ersten Deutung des *naturalistischen* Ansatzes müssten Sublimierung und Überkompensation die treibende Kraft für Energie überhaupt sein. Bei einer zweiten Deutung des *naturalistischen* Ansatzes müssten dem Menschen Selbststeigerungstenzenden zukommen, die die Nützlichkeit von Werkzeugen und Instrumenten gänzlich übersteigen (Plessner 1965: 318). Werkzeuge und Instrumente dienen hierbei nicht mehr nur noch der Verteidigung, sondern als Tätigkeit „um ihrer selbst willen". Die Kultur wäre damit ein Ergebnis der Triebverdrängung (Plessner 1965: 313). Eine Triebentladung könne entweder eine Neurose verursachen oder aber über eine Umbiegung ins Geistige, wie ins religiöse, philosophische, künstlerische oder politische geschehen. Diese Entwicklung bezweifelt Plessner.

Die Kultur basiere auf den Verdrängungsleistungen früherer Generationen und diese werden durch selbiges erhalten (Plessner 1965: 314). Der Mensch als domestiziertes Lebewesen habe dann zwar Triebfreiheit jedoch auch einen Verdrängungszwang. Durch die Flucht vor dem Trieb oder der Überkompensation werde der Mensch erst zum kulturschaffenden Menschen. Die Erklärung für Kultur ist nach Plessner daher die Selbststeigerung und das Verlangen nach dem „berufenen Leben" (Plessner 1965: 315).

Die erste Modifikation stellt den Menschen als ein gesundes Lebewesen dar, der seine Kraft für das Schaffen für sein Überleben und Leben verwendet. Die zweite Modifikation stellt den Menschen als ein krankes Lebewesen dar, welches seine Triebentladung nicht beherrscht.

Plessner argumentiert für seine Position, dass die Kultur nicht auf Sublimierung oder Triebverdrängung basiere, damit, dass der Mensch zweckfreie Instrumente oder Werkzeuge im Gegensatz zu tierischen Lebewesen bauen kann. Das Handlungsergebnis sei beim Menschen meistens auch bereits vor dem Schaffen als Vorstellung vorhanden (Plessner 1965: 319). Das Argument sei hier also, dass der Mensch von sich aus erfinderisch sei und das Tier im Gegensatz dazu diese Fähigkeit nicht besitze (Plessner 1965: 321). Daher könne sich Kultur nicht aufgrund von Triebverdrängung oder Sublimierung ableiten. Der Mensch sei seiner Natur nach künstlich und könne nicht anders als durch Arbeit „nach dem ewigen Prozess suchen" (Plessner 1965: 320).

Auch sei der Machttrieb keine Erklärung für die Schaffung der Kultur. Das andauernde Überbieten habe nur einen solchen Anschein, da es nur ein Zeichen für den natürlichen Schaffensdrang des Menschen sei.

Was ist *menschliche Natur* nach Plessner?

Plessner lässt sich in die abendländische Anthropologie einordnen. Diese versucht den cartesischen Dualismus aufzuheben. Nachdem die Wissenschaften aufgrund seiner Anschauungen in Natur- und Geisteswissenschaften unterteilt wurden, begründen Scheler und Plessner die moderne Philosophische Anthropologie. Gehlen kommt 1940 zu den Hauptvertretern dazu. Über die einzelwissenschaftlichen Grenzen hinaus wird der Mensch als Einheit in den Blick genommen und die Fragen „Was ist der Mensch?" und „Was ist seine Stellung in der Welt?" werden zentral in der Anthropologie gestellt. Diese beeinflusste auch die Medizin. Eine Zusammenführung von Psychologie und Physiologie, Psychosomatik und Philosophie machte sich in der Medizin stark (Witteriede 2009: 15). Gerade die Überwindung cartesianischen Denkens sei die Grundlage für die anthropologische Forschung und biologische Arbeit. Körper und Geist werden als miteinander verbunden gesehen.

Somit betrachtet Plessner den Menschen ganzheitlich. Damit ist gemeint, dass der Körper, das Materielle des Menschen, und der Geist, das menschliche „Innenleben", miteinander verbunden sind. Plessner geht also von der Annahme aus, dass „[...] lebendige Körper erscheinungsmäßig eine prinzipiell divergente Außen-Innenbeziehung als gegenständliche Bestimmtheit aufweisen" (Witteriede 2009: 52 f.). Plessner zufolge ist also der Doppelaspekt des Lebendigen nur beim Menschen so ausgeprägt und die wechselseitige Wirkung zwischen Körper und Geist ist ein herausragendes Merkmal der menschlichen „Ganzheit" (Witteriede 2009: 53). „Seine neue „Erscheinungsweise" beruht auf einer formalen Veränderung zu einem eingegründeten, selbstständigen, eigentümlich autokratisch lebendigen System" (Witteriede 2009: 53).

Auch hinsichtlich der Lebensführung sieht Plessner den Menschen, der im Laufe seines Lebens zu einer Person wird, als Lebewesen, das in drei verschiedenen Dimensionen zurechtkommen muss und darin seiner Existenz und der Existenzform bewusst wird. Jedoch beschreibt Plessner dies so, dass es nur unter der Bedingung gelingen kann, wenn der Mensch in Einklang mit den drei Dimensionen lebt, um dieses Leben weiß und das Leben auch führt. Der Mensch wird also als Richtungsgeber in seinem Leben gesehen. Der Prozess, in dem der Mensch auch zu einer Person wird, ist wesentlich für seine Entwicklung. „Der positional-dynamische Grundzug des Lebendigen wird grundsätzlich auch in seinem *Prozesscharakter*, in dem es auszeichnenden Prozess des kontinuierlichen Werdens anschaulich, den der lebendige Körper in der Realisierung seiner Grenze vollzieht" (Witteriede 2009: 55). Plessner sieht den Menschen also in einem ständigen physischen und geistigen Wandel bis zu seinem Tode (Witteriede 2009: 55).

Plessner kommt von dem mechanistischen Welt- und Menschenbild, das durch Descartes geprägt wurde, weg. Wo noch Descartes die absolute Unmöglichkeit in der Aufhebung des Doppelaspekts von Geist und Körper sieht, ist es bei Plessner aufgehoben. In der Anthropologie wird der Mensch in keiner Weise als mechanisch dargestellt, sondern als Lebewesen, welches einen fortwährenden inneren wie äußerlichen Wandel durchläuft. In diesem wird der Mensch ganzheitlich gesehen; Inneres wie Äußeres bedingen sich gegenseitig. Wo Descartes noch die Trennung zwischen Körper und Geist betont, wird durch Plessner und überhaupt die Anthropologie eine Aufhebung dessen angestrebt.

Um jedoch überhaupt leben zu können, benötigt der Mensch die Kultur und das Schaffen. Menschliches Tun und Schaffen wird für den Menschen wesensspezifisch gesehen und erst dadurch und durch seine Erfahrung erkenne der Mensch auch seine Existenzform. Diese Sicht verleiht dem Menschen eine aktive Stellung in der Welt. Plessner betont die Kultur als ein „Ergänzungsmittel" für die menschliche Existenz. Die Notwendigkeit davon wird darin deutlich, dass der Mensch aktiv sein muss um in seiner Existenzform leben zu können.

Der Ausdruck menschliche Natur wird im Folgenden erläutert und genauer untersucht. „Es gehört", so könnte man es ausdrücken, „zur Natur des Menschen, keine Natur zu haben" (vgl. Plessner 1928: 309ff.). Das bedeutet, dass der Mensch nicht wie tierische Lebewesen einfach existieren kann, der Mensch benötigt weitere Merkmale zu seiner Natur.

Der Körper ist zugleich Objekt und Subjekt. Als Objekt ist es ein Ding unter anderen Dingen, ein ausgedehnter Körper, der Raum einnimmt. Als Subjekt ist der Mensch Betrachter seiner selbst, kann sich aus einer Außenperspektive sehen und selbst einschätzen wie er wirkt und was seine Handlungen bezwecken. Mit dem Wissen um sich selbst, dem Körper und dem eigenen Innenleben, muss der Mensch lernen zu leben. Da er nicht allein im *Hier-Jetzt* existieren kann, muss der Mensch seine Existenzform annehmen um leben zu können.

> [Der Mensch] geht zwar ebenfalls im Hier-Jetzt auf und lebt aus der Mitte, doch ist ihm die „Zentralität seiner Existenz bewusst geworden. Es hat sich selbst, es weiß um sich, es ist sich selber bemerkbar und darin ist es Ich, der „hinter sich" liegende Fluchtpunkt der eigenen Innerlichkeit. Dieses Lebewesen ist der Mensch. (Witteriede 2009: 66)

So muss der Mensch sich selbst aus verschiedenen Perspektiven sehen und sich daraus entwickeln und darin leben. Das bedeutet auch, dass der Mensch seine Entwicklung selbst gestaltet, da er durch die Einsicht in sein Innenleben und die Befähigung zur Reflexion überblickt wer er selbst ist. In dieser *künstlichen* Position, in der er sich befindet, ist er ein sich selbst kreierendes Lebewesen. Dieser Lebensaspekt hat den belastenden Einfluss auf den Menschen, dass er seine Position gestalten muss gerade weil er um seine eigene Existenz bescheid weiß. Es bedeutet für den Menschen in einem belastenden Bruch zwischen seiner Natürlichkeit und seinem eigenen Bewusstsein zu leben. Erst der Abstand zu sich selbst ermögliche es dem Menschen dann selbstständig über sich und sein Leben entscheiden zu können (Witteriede 2009: 68). Der Mensch besitzt einen unauflösbaren „Doppelaspekt" seiner Existenz um den er nicht herumkommt. In diesem Bruch muss er sein Leben als Seele und als Körper führen und als die Einheit dieser beiden Entitäten. Durch diese Einheit gelingt erst die Exzentrizität nach Plessner. „Exzentrisch organisiert ist er [der Mensch] zudem „hinter" sich selbst zum Stehen gekommen, geht er ortlos-zeitlos im „Nichts", im „raumhaften Nirgendwo-Nirgendwann" auf" (Witteriede 2009: 67). Diese exzentrische Ebene ist damit Voraussetzung für die menschliche Natur und wichtig für die Erlangung eines selbstständigen Bewusstseins. „Ohne die spezifische Gabe der Versachlichung oder Abstraktion – das haben schon die Alten gewusst – wäre der Prozess hinfällig" (Witteriede 2009: 69).

Laut Plessner besitzt der Mensch also keine richtige Natur. Er ist in seiner Existenz künstlich. Seine „natürliche" Stellung in der Welt ist künstlich und er besitzt die Fähigkeit zur „vollen Reflexion". Das beinhaltet, dass er in seinen Tätigkeiten und sich seiner Position in der Welt bewusst ist, Verantwortung trägt und auch Teil der Mitgestaltung von Kultur und Technik ist. Kultur ist Bestandteil des menschlichen Schaffens und wird nach Plessner benötigt, sodass der Mensch einer für sich sinnstiftenden Tätigkeit nachgehen kann.

Die menschliche Natur gibt es in diesem Sinne also nicht. Der Mensch schafft sich seine Natur und sein Wesen selbst. Die Natur wie sie den Tieren vorbehalten ist, hat der Mensch nicht. Von einer reinen „Hier-Jetzt"-Existenz kann der Mensch sich lösen und in Abstand zu sich selbst sich als Individuum wahrnehmen. Durch sein Bewusstsein und seine Reflexionsfähigkeit kann der Mensch seine Person gestalten.

Das Schaffen von Kultur kann die Biologie, die sich mit den natürlichen menschlichen Gegebenheiten beschäftigt, nicht erklären. Die Künstlichkeit des Menschen kann also nur durch andere Mittel untersucht werden.

Wozu braucht der Mensch die Kultur?

Plessner betont, dass der Mensch das Konstrukt einer Person benötigt um in seiner Existenzform leben zu können. Seine Person, das Individuum, ist notwendig um auf die *Mitwelt* reagieren zu können und in ihr zu agieren. Plessner definiert die Mitwelt als das reine *Wir* oder bezeichnet sie als Geist (Plessner 1965: 304). Durch sie kann der Mensch erst zu einer Person werden. Er erkennt sich in seinem individuellen Sein und sieht die Mitwelt als eine Sphäre, in der „[...] als Person lebt, in der [er] steht, gerade weil [ihn] ihre Positionsform erhält" (Plessner 1965: 304). Die Mitwelt trägt also die einzelne

Person und wird auch als der „Eine Mensch" bezeichnet, weil sie die „Sphäre des Einander und völligen Enthülltheit, in der alle menschlichen Dinge sich begegnen" (Plessner 1965: 304/5).

Die Exzentrizität, auf welcher Außenwelt (Natur) und Innenwelt (Seele) beruhen, bestimmt, daß die individuelle Person an sich selbst individuelles und "allgemeines" Ich unterscheiden muß. Allerdings wird ihr dies für gewöhnlich nur faßbar, wenn sie mit anderen Personen zusammen ist und auch dann tritt dieses allgemeine Ich nie in seiner abstrakten Form, sondern mittels der ersten, zweiten, dritten Person konkret auf. (Plessner 1965: 300)

Der Mensch müsse seine Rolle individuell in der Mitwelt finden. Dabei ist dies eine individuelle Leistung, wenn der Mensch seine Person in der Gesellschaft finden muss. Die *Mitwelt* sei zwar wichtig für die Verständigung mit anderen Personen, für die Interaktion und Kommunikation, jedoch ist es eine eigenständige Leistung die eigene Person zu entwickeln. „Helmuth Plessner bestimmt den Menschen als psychophysisch neutrale, personale Lebenseinheit. Dieser Mensch steht in dem Doppelaspekt von Natur und Geist, worin der wesenseigene Konflikt gründet, dass sich in seiner Existenz die Ebenen des geistigen Schaffens und des leiblichen Daseins unablässig kreuzen" (Witteriede 2009: 88). Die personale Ebene benötigt der Mensch also aus folgenden drei Gründen: um schaffend sein zu können, um den Bruch zwischen Natur und seinem Bewusstsein zu schaffen aufgrund der exzentrischen Position und um seine Rolle in der Gesellschaft zu finden. Persönlichkeit ist dann ein Begriff für die Einmaligkeit einer Person. Der Mensch muss sich erst zu dem machen, was er bereits ist, damit er sich mit anderen verständigen kann um sozial leben zu können. Werner Kolb drückt es mit den Worten aus, dass der Mensch „lebend sein Leben" führen muss und dem Zwang unterworfen sei, sich auszudrücken oder einem „Sich-aussprechen-müssen". Erst das zeichne ihn als ein soziales Lebewesen aus (Kolb 2002: 195). Durch die exzentrische Position des Menschen ist es möglich, dass der Mensch sich als ein soziales Mitglied in der Gemeinschaft erkennt.

Der Mensch ist auf Gesellschaft und Gemeinschaft angewiesen. Da Anerkennung zu den grundlegendsten menschlichen Bedürfnissen gehört, ist die Gemeinschaft ein unverzichtbarer Bestandteil im sozialen Leben des Menschen. Die *Mitwelt* ist dabei dasjenige, welches dem Menschen sozialen Spielraum gibt und ihn dort agieren und reagieren lässt. Die Mitwelt gibt dem Menschen auch die Möglichkeit sich auf Kooperation und Verwirklichung der kulturellen Ideale zu stützen. Die rein biologische Betrachtung des Menschen und der Zivilisation ist daher untauglich, da es viele Faktoren der menschlichen Existenz nicht berücksichtigt. Kultur und kulturelles Schaffen kann kaum zu reinen Überlebenszwecken dienen. Daher kann der darwinistische Ansatz beispielsweise nicht als Modell für eine Erklärung vom Menschen an dieser Stelle angeführt werden. Um ein vollständigeres Bild und Verständnis für den Menschen und sein Handeln zu konstruieren, reicht der Ansatz hier nicht aus. Witteriede weist speziell auf die Gefahren dabei hin, die eine rein biologische Definition vom Menschen zur Folge haben kann. „Wir haben die Gefahren einer Ideologie erlebt, welche den

Menschen rein biologisch definieren wollte. Andere Ideologien, die ihn als anders definieren, aber genauso festlegen, werden ebenso verhängnisvoll sein" (Witteriede 2009: 43). Der Mensch wird nicht als das Lebewesen in seinem gesamten Umfang betrachtet und wird auf äußere Erscheinungsmerkmale reduziert. Es erklärt nicht das menschliche Schaffen von Kunst, Wissenschaft oder Technik zur Erleichterung des Alltags wie auch das Streben nach Sinnhaftigkeit und Verstehen in der Welt. Die Entwicklung und die Existenz des Menschen kann damit nicht mittels der Evolution allein erklärt werden.

In einem seiner Grundsätze verweist Plessner auch auf die „Unergründlichkeit" des Menschen. „Der *homo absconditus*, der unergründliche Mensch, ist die ständig jeder theoretischen Festlegung sich entziehende Macht seiner Freiheit, die alle Fesseln, sprengt, die Einseitigkeiten der Spezialwissenschaft ebenso wie die Einseitigkeiten der Gesellschaft" (Witteriede 2009: 43). Die Unergründlichkeit des Menschen gehört zum Menschen dazu. Sein Wesen und seine Existenz seien zu „tief" als dass sie ergründet werden könnten. Demzufolge ist auch die evolutionäre Theorie kein ausreichend zu erklärendes Mittel für die menschliche Entwicklung in seinem Zustand. „Vor diesem Hintergrund sucht Plessner für seinen Ansatz von philosophischer und aposteriorischer Methode nach dem Prinzip der Unergründlichkeit des Menschen zu entwickeln, ohne sich dabei einer Seite zu verschreiben" (Witteriede 2009: 44). Dabei ist es wichtig, dass der Mensch in seiner Gesamtheit betrachtet wird, mit einem offenen Blick und in seiner vollen Existenz erfasst werden kann. „[...] das Leben [ist] dabei als eine durch Anschauung und Intellekt und Phantasie und Einfühlungsfähigkeit erfahrbare und selbst wieder die Erfahrung von sich ermöglichende, erzwingende Größe" (Witteriede 2009: 45).

Für Plessner zeichnet sich der Mensch auch durch eine gewisse Ortlosigkeit aus, die für alle Menschen gleichermaßen gilt. Damit ist die Stellung des Menschen in der Welt gemeint, auf die der Mensch zunächst fragend blickt und einen Versuch unternimmt eine Ordnung in seiner Existenz zu schaffen. „Diese Gleichheit wird weder durch gemeinsam geteilte Eigenschaften noch durch eine gemeinsame Stellung im *ordo* garantiert, sondern gerade durch deren Abwesenheit" (Kolb 2002: 196). Jeder Mensch erlebt also die Ortlosigkeit, in der er sich zurechtfinden muss. Diese Ortlosigkeit lässt den Menschen erst sich selbst als individuellen Menschen erkennen und entwickeln.

Fazit

Plessners' Sicht berücksichtigt die Würde des Menschen und lässt ihn seine Existenzprobleme überwinden. Durch seine Kritik an den naturalistischen Denkansätzen bezüglich der Schaffung von Kultur lenkt er das Menschenbild in eine produktive und gesunde Position. Der Mensch ist bei Plessner in seiner Existenzform künstlich, aber nicht krank. Seine Fähigkeiten verdanke der Mensch nicht einem

Gehirnparasitismus, sondern seiner Existenzform an sich. Die Frage, die hier jedoch gestellt werden kann, ist, wie sich der Höhlenmensch zum Homo sapiens entwickeln konnte. Seine Fähigkeit zur Reflexion wurde möglicherweise zunehmend mit den umweltbedingten Faktoren gefragt und auch bei der Nahrungssuche konnte sie helfen. Die Notwendigkeit der reflexiven Fähigkeiten führte daher zu einer kulturschaffenden Entwicklung. Eine überlegte Falle zur Erbeutung von Nahrung und ein gewisser Plan für den Eintritt, dass ein Tier gefangen wird, war eine gewisse Vorstellungsfähigkeit notwendig.

Der moderne Mensch besitzt ein Reflexionsvermögen und kann seine Existenz mitbestimmen, dann ist es eine Person. Er kann sein Erleben, seine Wahrnehmungen, Aktionen und seine Initiative bestimmen (Witteriede 2009: 67). Ein Einwand kann hier vorgebracht werden, dass der Mensch nicht ständig in dieser dreifachen Position lebt. Unbewusste Handlungen, die „automatisiert" sind wie beispielsweise Zähne putzen, benötigen kein reflektiertes Handeln. Auch in Situationen wie bei einem Konzert wird reflektierte Wahrnehmung eher zu einem Hindernis die Musik auf sich wirken zu lassen. Denn dabei zu verstehen, welche Tonlagen gespielt werden, kann eher den Genuss und das bloße Wahrnehmen hemmen. Die Selbstvergessenheit gehört ebenso zum Menschen wie die Reflexivität. Daher kann argumentiert werden, dass der Mensch nicht vollendet reflexiv ist, wenn er sich in einem Zustand befindet, in dem beispielsweise Genuss wesentlich ist um auf Musik mit Emotionen reagieren zu können. Der Mensch kann meistens erst im Nachhinein auf Emotionen reflexiv reagieren und diese einordnen. Auch in Situationen reagiert der Mensch manchmal unmöglich reflexiv, da Emotionen ihn in manchen Situationen übermannen können. Hier sehe ich eine Unstimmigkeit bei Plessner.

Der Begriff Reflexion oder bei Plessner als Reflexivität bezeichnet, bedeutet ein „sich Zurückbeugen des Denkens auf sich selbst" (Hügli/Lübcke 2013: 766; *Reflexion*). Ein gründliches Nachdenken also über das eigene Selbst soll zu einem Bewusstsein führen, welches bei Plessner analog zur exzentrischen *Positionalität* steht. Ein wesentlicher Aspekt bei Plessner ist jedoch, dass er durch Betrachtung des *biologischen* Doppelaspekts, also vom physischen Körper und dem Geist, zum (Selbst-)Bewusstsein bzw. zur exzentrischen *Positionalität* gelangt wohingegen im neuzeitlichen Sinne allein durch die Tätigkeit des Denkens der Rückbezug auf sich selbst und damit die Erkenntnis des (Selbst-)Bewusstseins – wie es bei Descartes der Fall ist – möglich ist. Plessners Ansatzpunkt für die Entstehung der exzentrischen *Positionalität* bildet also der menschliche Körper: Der Mensch *hat* einerseits einen Körper, andererseits *ist* er Körper und im Körper, drittens ist er „außer dem Körper" und besitzt damit die exzentrische Position (Plessner 1965: 293). Plessner geht vom biologischen Standpunkt aus um den Menschen zu definieren. Er bezieht die menschliche Natur ein und versucht diese ebenfalls zu fassen. Der Mensch kann laut Plessner nicht im unmittelbaren Hier-Jetzt leben und benötigt daher die Kultur und das schöpferische Tun. Er benötigt diese „Künstlichkeit", da er sich in Distanz zum Körper befindet und sich „abgehoben" davon erlebt (Plessner 1965: 293). „Die Konsequenz des radikalen Sich-selbst-Gegebenseins, dieser exzentrischen Position des Menschen, ist, dass Menschen sich nicht auf ihre Natur berufen können, um zu begründen, was für ihr Erleben und Wirken zentral ist oder sein soll" (Kolb 2002: 38). Die Natur, so wie sie bei Tieren gegeben ist, ist für den Menschen eben nicht erreichbar und der Zustand zur Natürlichkeit unumkehrbar.

Plessner teilt die Welt in drei Dimensionen ein. Die Innen-, Außen- und Mitwelt stellen für den Menschen seine unmittelbare Welt dar. Der Mensch erlebt diese in seiner exzentrischen Form und nicht im unmittelbaren Hier-Jetzt. Der Mensch bestimme sein Erleben, seine Wahrnehmungen, Aktionen und seine Initiative (Witteriede 2009: 67) und zusätzlich weiß er darum.

Bei der Findung der Identität beispielsweise kann der Mensch einem Gruppenzwang unterliegen, den es zu überwinden gilt. Also muss er sich auf seine Reflexivität verlassen um bei der Findung nach seiner Identität zu einer Person zu werden. Bei voller Reflexivität gäbe es beim Menschen keinerlei wiederholte Fehler, diese passieren jedoch ständig und dies macht den Menschen letztendlich menschlich. Hier wird die „Unergründlichkeit" des Menschen deutlich. Die Vollkommenheit bleibt dem Menschen also verwehrt. So haben beispielsweise auch Neugeborene oder behinderte Menschen keine volle Reflexivität. Diesen Menschen jedoch nicht zu einer Definition von Mensch hinzuzuzählen, wäre äußerst verwerflich und menschenrechtsverletzend. Dass dann folglich in einer Definition vom Menschen volle Reflexivität als ein Grundmerkmal genannt wird, ist meiner Ansicht nach so nicht in der Definition vorgesehen.

Plessners' Ansatz, wie hier vorgestellt wurde, empfinde ich jedoch aufschlussreich und den Menschen in seiner Existenz „untersuchend" klar herausgestellt wie er in seiner exzentrischen Form leben kann und die Position in seinem Leben annimmt.

„Der Mensch soll Subjekt und Objekt seines Lebens sein, d. h. dass er ein Leben führt in dessen Zentrum er als Kultur schaffender steht und in dem er sich als reflektierender selbst Gegenstand ist" (Sell, Annette in *Anthropologie 2.0*, 2015: 19). Für Plessner ist die Verbundenheit des Menschen mit der eigenen Innen-, Außen- und Mitwelt ein entscheidendes Kriterium um sich als Mensch und Person entwickeln zu können. Die Gegenüberstellung zu Descartes zeigt nochmal, dass Plessner von der mechanistischen Sicht wegkommt und einen biologischen, soziologischen und philosophischen Ansatz sucht, den ich als weltgebundener und ganzheitlicher betrachte.

„Die Argumentation nimmt ihrem Ausgangspunkt vom Leben selbst, wobei der Mensch Teil dieses Lebens ist" (Sell, Annette in *Anthropologie 2.0*, 2015: 19). Damit hat Plessners' Ansatz meiner Meinung nach heute immer noch eine hohe Relevanz auch weil Plessner „[...] die Spannung zwischen Natur und Geist auf methodisch-argumentative Weise entwickelt [hat], so dass der Mensch als Subjekt und Objekt seines Lebens erscheinen und gedacht werden kann, ohne ihn abschließend zu bestimmen". (Sell, Annette in *Anthropologie 2.0*, 2015: 22 f.)

Literaturverzeichnis

- Plessner, Helmuth. *Die Stufen des Organischen und der Mensch - Einleitung in die philosophische Anthropologie.* Walter de Gruyter & Co. Berlin: 1965. 7. Kapitel. S. 288-346. Print.
- Holzhey, Helmut; Röd, Wolfgang. *Geschichte der Philosophie. Band XII – Die Philosophie des ausgehenden 19. und des 20. Jahrhunderts 2.* C.H.Beck Verlag: München: 2004. S. 218-227. https://books.google.de/books?id=RygbDgAAQBAJ&printsec=frontcover&source=gbs_ge_su mmary_r&cad=0#v=onepage&q&f=false
- Hügli, Anton/Lübcke, Poul. Philosophielexikon. Rowohlt Verlag: 2013. S. 766
- Sell, Annette. "Der Mensch als Subjekt und Objekt seines Lebens" in *Anthropologie 2.0.* Lit Verlag. Berlin: 2015. S. 11-23. Print.